国家出版基金项目
NATIONAL PUBLICATION FOUNDATION

记住乡愁

——留给孩子们的中国民俗文化

刘魁立◎主编

第十一辑 生肖祥瑞辑

生肖兔

王天鹏◎编著

本辑主编 张 勃

黑龙江少年儿童出版社

编委会

序

  亲爱的小读者们，身为中国人，你们了解中华民族的民俗文化吗？如果有所了解的话，你们又了解多少呢？

  或许，你们认为熟知那些过去的事情是大人们的事，我们小孩儿不容易弄懂，也没必要弄懂那些事情。

  其实，传统民俗文化的内涵极为丰富，它既不神秘也不深奥，与每个人的关系十分密切，它随时随地围绕在我们身边，贯穿于整个人生的每一天。

  中华民族有很多传统节日，每逢节日都有一些传统民俗文化活动，比如端午节吃粽子，听大人们讲屈原为国为民愤投汨罗江的故事；八月中秋望着圆圆的明月，遐想嫦娥奔月、吴刚伐桂的传说，等等。

  我国是一个统一的多民族国家，有 56 个民族，每个民族都有丰富多彩的文化和风俗习惯，这些不同民族的民俗文化共同构筑了中国民俗文化。或许你们听说过藏族长篇史诗《格萨尔王传》

中格萨尔王的英雄气概、蒙古族智慧的化身——巴拉根仓的机智与诙谐、维吾尔族世界闻名的智者——阿凡提的睿智与幽默、壮族歌仙刘三姐的聪慧机敏与歌如泉涌……如果这些你们都有所了解，那就说明你们已经走进了中华民族传统民俗文化的王国。

你们也许看过京剧、木偶戏、皮影戏，看过踩高跷、耍龙灯，欣赏过威风锣鼓，这些都是我们中华民族为世界贡献的艺术珍品。你们或许也欣赏过中国古琴演奏，那是中华文化中的瑰宝。1977年9月5日美国发射的"旅行者1号"探测器上所载的向外太空传达人类声音的金光盘上面，就录制了我国古琴大师管平湖演奏的中国古琴名曲——《流水》。

北京天安门东西两侧设有太庙和社稷坛，那是旧时皇帝举行仪式祭祀祖先和祭祀谷神及土地的地方。另外，在北京城的南北东西四个方位建有天坛、地坛、日坛和月坛，这些地方曾经是皇帝率领百官祭拜天、地、日、月的神圣场所。这些仪式活动说明，我们中国人自古就认为自己是自然的组成部分，因而崇信自然、融入自然，与自然和谐相处。

如今民间仍保存的奉祀关公和妈祖的习俗，则体现了中国人崇尚仁义礼智信、进行自我道德教育的意愿，表达了祈望平安顺达和扶危救困的诉求。

小读者们，你们养过蚕宝宝吗？原产于中国的蚕，真称得上伟大的小生物。蚕宝宝的一生从芝麻粒儿大小的蚕卵算起，中间经历蚁蚕、蚕宝宝、结茧吐丝等过程，到破茧成蛾结束，总共四十余天，却能为我们贡献约一千米长的蚕丝。我国历史悠久的养蚕、丝绸织绣技术自西汉"丝绸之路"诞生那天起就成为东方文明的传播者和象征，为促进人类文明的发展做出了不可磨灭的贡献！

小读者们，你们到过烧造瓷器的窑口，见过工匠师傅们拉坯、上釉、烧窑吗？中国是瓷器的故乡，我们的陶瓷技艺同样为人类文明的发展做出了巨大贡献！中国的英文国名"China"，就是由英文"china"（瓷器）一词转义而来的。

中国的历法、二十四节气、珠算、中医知识体系，都是中华民族传统文化宝库中的珍品。

让我们深感骄傲的中国传统民俗文化博大精深、丰富多彩，课本中的内容是难以囊括的。每向这个领域多迈进一步，你们对历史的认知、对人生的感悟、对生活的热爱与奋斗就会更进一分。

作为中国人，无论你身在何处，那与生俱来的充满民族文化DNA 的血液将伴随你的一生，乡音难改，乡情难忘，乡愁恒久。这是你的根，这是你的魂，这种民族文化的传统体现在你身上，是你身份的标识，也是我们作为中国人彼此认同的依据，它作为一种凝聚的力量，把我们整个中华民族大家庭紧紧地联系在一起。

《记住乡愁——留给孩子们的中国民俗文化》丛书，为小读者们全面介绍了传统民俗文化的丰富内容：包括民间史诗传说故事、传统民间节日、民间信仰、礼仪习俗、民间游戏、中国古代建筑技艺、民间手工艺……

各辑的主编、各册的作者，都是相关领域的专家。他们以适合儿童的文笔，选配大量图片，简约精当地介绍每一个专题，希望小读者们读来兴趣盎然、收获颇丰。

在你们阅读的过程中，也许你们的长辈会向你们说起他们曾经的往事，讲讲他们的"乡愁"。那时，你们也许会觉得生活充满了意趣。希望这套丛书能使你们更加珍爱中国的传统民俗文化，让你们为生为中国人而自豪，长大后为中华民族的伟大复兴做出自己的贡献！

亲爱的小读者们，祝你们健康快乐！

刘魁立

二〇一七年十二月

目 录

十二生肖中的兔

| 十二生肖中的兔 |

在自然界中，兔的生物学分类为动物界—脊索动物门—脊椎动物亚门—哺乳纲—兔形目，俗称兔子。除南极洲外，兔子在各大洲均有分布。从体型上分类，兔可分为大型兔、中型兔和小型兔。大型兔的体重大约在5～8千克左右（也有少数超过8千克），中型兔的体重大约在2～4千克左右，小型兔的体重大约在2千克以下。从与人类的关系来看，兔子可以分为野生和家养两种。从生活习性来看，兔子胆子较小，善于奔跑，主要以青草、白菜、胡萝卜等植物为食。

中国仅有9种兔属种类，其中草兔分布在除华南和青藏高原外的广泛地区；雪兔冬季毛变白，分布在中国新疆、内蒙古和黑龙江北部；高原兔分布在青藏高原；华南兔分布在中国华南及台湾；东北兔分布在中国小兴安岭及长白山地区；塔里木兔分布在新疆塔里木河流域塔里木盆地边以及和田、叶

| 家兔 |

| 家兔 |

城、莎车、巴楚、克拉玛依等地。

兔子能够入选十二生肖，第一，和它的数量有关。无论是平原、草地、森林、荒漠，从南到北，从东到西，都可以看到兔子的身影。第二，兔子有着超强的繁殖能力，这也是它能入选十二生肖的另一重要原因。幼兔出生两个月以后就具有繁殖能力。母兔每个怀孕周期为31天，每窝能生产幼兔6~10只，每年能生产4~6次。假设没有意外，所有兔子繁殖的后代都能存活，且可以继续繁殖的话，这对兔子及其后代的繁殖，一年就可以繁衍到数百只。第三，兔子能成为生肖，还和它漂亮的外形有关。兔子给人以善良、活泼、可爱的外形，性格温顺，因此深受人们的喜爱，就连月宫中都有玉兔的形象。兔子能够入选十二生肖，还和它善于奔跑有关。我们都知道马善于奔跑，可是很少有人知道，一些野兔的奔跑速度甚至要快于马。

兔能够从千万种动物中脱颖而出入选十二生肖且排在第四位，从民间传说的角度来看，仍然和它的奔跑速度有关，据说源于兔子、黄牛之间的一次赛跑。相传兔子和黄牛是邻居，他俩相处很好，互称兄弟。黄牛以勤

| 生肖兔剪纸 |

劳苦干度日，兔子靠机灵能干为生，日子都过得不错。有一天，善于长跑的兔子在黄牛面前炫耀道："我是动物世界中的长跑冠军，谁也跑不过我！"黄牛虚心向兔子求教长跑的绝招，兔子却骄傲地摇摇头说："长跑冠军得靠先天的素质，学是学不会的。再说，长跑得身轻体便，你这粗壮的身子，恐怕是永远跑不快的。"黄牛的心被兔子说得凉了半截，可心里不服气。从此，黄牛开始练长跑，凭着一股坚韧不拔的牛劲，黄牛终于练成一双"铁脚"，尾巴一翘，四蹄如风，几天几夜也不知疲乏。到了玉皇大帝排生肖的日子，依照规则，谁先到就让谁当生肖，并按到达的先后顺序排定座次。黄牛与

兔子约定，鸡叫头遍就起来，直奔天宫争生肖。鸡叫头遍，黄牛起床时，兔子早就一个人跑了。兔子跑了好一阵子，回头一看，不见任何动物的影子。兔子心想，我今天起得最早，跑得又最快，就是睡上一觉起来，这生肖的头名也非我莫属。于是，它就在草地上呼呼大睡起来。黄牛虽然落后了，但它凭借坚韧的耐力和练就的铁脚，当兔子还在酣睡的时候，一鼓作气便先跑到了天宫。兔子还在睡觉之时，突然一阵急促的脚步声惊醒了兔子。它睁眼一看，原来是老虎一阵风般地跑了过去。这下兔子急了，赶紧追赶，可惜慢了一步，始终还是落在了老虎之后。由于牛的双角间还蹲了一只投机取巧的小老鼠，

它在黄牛到达终点的时候从牛角上跳下来，一下跑到了黄牛的前面。所以最终的座次排名第一名是鼠、第二名是牛、第三名是虎、第四名是兔，其他动物分列第五到第十二名。兔子虽然当上了生肖，但终究觉得脸上无光，因为输给了自己讽刺的老牛，所以从天宫回来以后，就把家搬到了远离村庄的土洞中。直到现在，野兔依旧住在室外的土洞中。

兔子入选生肖还有另一个版本。据说在远古时期，

| 民间剪纸艺术中的兔 |

并没有生肖，轩辕黄帝为了给人们排定生肖，召集各种动物比赛，采取优胜劣汰的办法，选拔十二生肖。猫因为老鼠从中作梗（或忘记为其报名）未能入选。象被老鼠钻进鼻孔，逃之夭夭……在正式比赛中，牛超水平发挥，跑在第一位。不料老鼠早已跳到牛背上，接近终点时，猛然向前冲去，得以名列第一。猪在中间起哄，被罚最后一位。龙虎两位不服，黄帝把它们分别封为海中之王和山中之王。兔又对龙不服，兔龙赛跑，兔子获胜，于是排在了龙的前面。狗不服兔子，咬了兔子一口，严重犯规，被罚在了倒数第二位。其余动物，也在比赛中确定了名次，于是有了今天有序的十二生肖。

以上只是关于十二生肖排序的民间传说。其实关于十二生肖的排序有多种说法，有些说法属于推测、附会或自圆其说，有些说法纯属神话、传说。这些说法反映了古人的思想认识、文化水平，无可非议。除了民间传说之外，关于十二生肖排序还有以下几种说法：木星影响说、地支名称谐音转义说、兽类特性确定顺序说、动物活动时间排序说、按兽爪奇偶排列说、按动物大小和习性搭配说、生肖动物性格组合说等等，不一而足。

按现有资料显示，能够证明兔已入选十二生肖的文献出现于秦代，最早的兔居住于月宫的观念是战国至西汉初年产生的，这就表明，二者的出现应该有一定的关

| 《玉兔捣药图》拓片 |

联。可能是由于兔居住于月宫的传说，增加了兔入选十二生肖的资本，也可能因为兔是月亮的象征而加强了兔生肖的地位。

兔生肖产生之后，很快就被古代民众广泛接受，与各种文化互相影响。由于兔的形象较为可爱，所以人们对兔生肖不像对虎生肖、蛇生肖那样畏惧，也不像对龙生肖等那样膜拜，更不像对鼠生肖那样既爱又恨，所以对兔生肖的感情基本是喜爱和欢迎，因此围绕着兔生肖产生了许多神话、传说、民间故事、成语、谚语，也产生了与兔生肖相关的各种民俗活动、剪纸、玩具等。

神话传说中的生肖兔

神话传说中的生肖兔

兔子在自然界广泛分布，形象可人，温顺可亲，因此人们围绕兔子产生了大量的神话传说，人们想象在月宫中也有兔子存在，并把月中玉兔称为月精。人们想象月中玉兔与嫦娥作伴，并捣制长生不老药。玉兔也可能偶尔在人前出现，给人间带来祥瑞，因此围绕着兔生肖人们形成了顾兔在腹、玉兔捣药、玉兔献瑞等神话。

（一）顾兔在腹

早在战国末期，就有兔子的神话流传，因为在屈原的《楚辞·天问》中就提到了兔子的相关神话："厥利维何，而顾菟在腹？"王逸注："言月中有菟，何所贪利；居月之腹，而顾望乎？"洪兴祖补注："菟，与兔同。"屈原这句话意思是说，玉兔常在月亮之腹，对月亮有什么好处？

关于顾兔有两种解释，一说兔性多疑，行走时常回头张望，故曰顾兔，《古艳歌》中有"茕茕白兔，东走西顾"之句，南朝梁代的何逊在《七召·神仙》中有"顾兔纔（cái）满，庭英纷而就落"之句。唐代李白《上云乐》诗："阳乌未出谷，顾兔半藏身。"王琦注："顾兔，月中兔也。"

顾兔的另外一种说法是

| 嫦娥与玉兔 |

天下兔子都是雌性，唯月中兔为雄性，天下兔都顾望月中之兔而孕，故曰顾兔。这一讹传，清代屈大均在《广东新语·兽语》中讲得更为明确："兔者太阴之精。一兔居于月腹而顾天下之兔，天下之兔皆望之而孕，故曰顾兔。上顾而下望，其精自口而入，故兔吐而生子。兔与月相为性命，鸡在日中亦然。"屈大均对顾兔而孕的说法非常肯定，且言之凿凿。其实，古代已有人对此类谬传说不。李时珍《本草纲目》写道："或谓兔无雄，中秋望月中顾兔以孕者，不经之说也。"所举论据两条：一是"雄兔有二卵"，以动物解剖学的实证，驳斥兔无雄之说；二是乐府《木兰诗》"雄兔脚扑朔，雌兔眼迷离"之句，从文献学的角度驳论指谬。

（二）玉兔捣药

《汉乐府·董逃行》："玉兔长跪捣药蛤蟆丸，奉上陛下一玉柈（盘），服此药可得神仙。"玉兔跪着在月中捣制仙药，名"蛤蟆丸"，仙药盛在玉盘里，服此药即可成仙。晋代傅玄《拟天问》中亦有"月中何有，白兔捣药"句。唐代陆龟蒙的《上云乐》中说："青丝作筝桂为船，白兔捣药蛤蟆丸。便浮天汉泊星渚，回首笑君承露盘。"意思是：月中白兔捣制的蛤蟆丸，远胜于汉武帝仙饮的"承露盘"。月中玉兔捣药"仙话"，是文人墨客经常引用的典故。李白的《飞龙引·其二》中写道："载玉女，过紫皇；紫皇乃赐白兔所捣之药方。"《古朗月行》写道："白兔捣药成，问言与谁餐。"杜甫的《月》中写道："入河蟾不没，捣药兔长生。"

唐传奇《裴航》中说，裴航得道成仙前，遇一老姬，老姬孙女名叫云英。裴航十分爱慕云英，向老姬求告。老姬得灵丹，但须"玉杵臼捣之百日"。裴航倾尽所有得到"玉杵臼"，且为老姬捣药。夜晚，裴航听室内仍

| 古画中的玉兔捣药 |

有捣药声，从门外窥见："有玉兔持杵臼，而雪光辉室，可见毫芒。"后老姬吞药仙去，裴航与云英也结为伉俪，双双仙去，此传奇又名《蓝桥记》。白兔既为"仙兔"，所捣制"蛤蟆丸"自然也为"仙药"。

（三）玉兔献瑞

玉兔，也就是白兔。野兔中灰黄色较多，毛色像地

皮一样，是兔子生存进化的保护色，可以很好地避开天敌的"视线"。野兔中白兔为"罕见之物"，它们瑞气盈盈、仙风飘飘，是天下平安祥和的征兆，对世人来说当然是一种积极的"心理暗示"。因此，人们如果在野外能见到白色的兔子，就意味着国家和平安定，是祥瑞之兆，因此称为玉兔献瑞，白兔理所当然地成为吉祥文化的特定符号。

梁代沈约在《宋书·符瑞下》中说："赤兔，王者德盛则至……白兔，王者敬耆老则见。"《瑞应图》中说："王者恩加耆老则白兔见……赤兔者王者德茂则见。"这两段是说，赤兔上瑞，白兔中瑞。故国家事业火红兴旺、发达昌盛，就会有"赤兔"进入人们视野。王者敬老、国家安详和平，就会有白兔进入人们视野。唐代权德舆的《中书门下贺河阳获白兔表》中说："唯此瑞兽，是称月精；来应昌期，皓然雪彩。"之前，梁简文帝、晋桓温、周庾信都提笔亲拟《贺白兔表》或《上白兔表》，极力渲染当时时政的祥瑞气氛——白兔戏野、五谷丰登、耆老安享、天下太平。

| 玉兔献瑞 |

民间故事中的生肖兔

| 民间故事中的生肖兔 |

由于兔子在我们日常生活中大量出现，和人们的生活发生大量联系，人们就围绕兔子创作了大量民间故事。神话传说中的兔子与人们遥不可及，与之相反，民间故事中的兔子书写的却是普通老百姓自己的故事，只不过故事的主人公换成了兔子。

（一）龟兔赛跑

《龟兔赛跑》是有关一只骄傲的兔子和一只坚持不懈的小乌龟的寓言故事。

兔子长了四条腿，一蹦一跳，跑得可快啦。乌龟也长了四条腿，爬呀，爬呀，爬得真慢。有一天，兔子碰见乌龟，笑眯眯地说："乌龟，乌龟，咱们来赛跑，好吗？"乌龟知道兔子在开他玩笑，瞪着一双小眼睛，不理也不睬。兔子知道乌龟不敢跟他赛跑，乐得摆着耳朵直蹦跳，还编了一支山歌笑话他："乌龟，乌龟，爬爬，一早出门采花；乌龟，乌龟，走走，傍晚还在门口。"

乌龟生气了，说："兔子，兔子，你别神气活现的，咱们就来赛跑。"

"什么，什么？乌龟，你说什么？"

"咱们这就来赛跑。"

兔子一听，差点儿笑破

了肚子："乌龟，你真敢跟我赛跑？那好，咱们从这儿跑起，看谁先跑到那边山脚下的大树旁。预备！一，二，三——"

兔子撒开腿就跑，跑得真快，一会儿就跑得很远了。他回头一看，乌龟才爬了一小段路呢，心想：乌龟敢跟兔子赛跑，真是天大的笑话！我呀，在这儿睡上一大觉，让他爬到这儿，不，让他爬到前面去吧，我三蹦两跳地就追上他了。"啦啦啦，啦啦啦，胜利准是我的嘛！"

| 龟兔赛跑 |

兔子把身子往地上一歪，合上眼皮，真的睡着了。

再说乌龟，爬得也真慢，可是他一个劲儿地爬，爬呀，爬呀，等他爬到兔子身边，已经累坏了。兔子还在睡觉，乌龟也想休息一会儿，可他知道兔子跑得比他快，只有坚持爬下去才有可能赢。于是，他不停地往前爬、爬、爬。离大树越来越近了，只差几十步了，十几步了，几步了……终于到了。

兔子呢？他还在睡觉呢！兔子醒来往后一看，咦，乌龟怎么不见了？再往前一看，哎呀，不得了了！乌龟已经爬到大树底下了。兔子一看可急了，急忙赶上去，可已经晚了，乌龟已经到达终点，乌龟胜利了。

兔子跑得快，乌龟跑得

慢，为什么这次比赛乌龟反而赢了呢？

这个故事告诉我们：不可轻视他人。虚心使人进步，骄傲使人落后。要踏踏实实地做事情，不要半途而废，才会取得成功。

（二）守株待兔

相传在战国时代宋国，有一个农民，日出而作，日落而息。遇到好年景，也不过刚刚吃饱穿暖；一遇灾荒，可就要忍饥挨饿了。他想改善生活，但他太懒，胆子又特小，干什么都是又懒又怕，总想碰到送上门来的意外之财。奇迹终于发生了。深秋的一天，他正在田里耕地，周围有人在打猎。吆喝之声此起彼伏，受惊的小野兽没命地奔跑。突然，有一只兔

子，不偏不倚，一头撞死在他田边的树桩上。当天，他美美地饱餐了一顿。从此，他便不再种地。一天到晚守着那神奇的树桩，等着奇迹的出现。

后来人们用这个故事批评那些不知变通，死守教条的思想方法。守株待兔其实还能用于褒义，就是说只要掌握了规律，在兔子必经之道上栽几棵树等兔子撞，也

是可以的。比如：某地是日军必经之地，我们只要在此做好准备，守株待兔即可。

（三）兔死狐悲

从前，有一只兔子和一只狐狸，它们有一个共同的敌人就是猎人，兔子和狐狸互相结盟，发誓一定要同生死，共患难。有一天，兔子和狐狸在田野里享受大自然的美景的时候，没想到身边竟然有一群猎人正盯着它们，猎人一箭就射死了兔子，狐狸侥幸逃脱。猎人离开后，

| 奔跑中的兔子剪影插画 |

狐狸就跑到兔子的身边开始哭泣。 有一个人路过，看见狐狸正对着兔子大哭，感觉很奇怪，就走上前问狐狸为什么要哭。狐狸啜泣道："我和兔子我们两个都是森林中微小的动物，都是猎人喜欢猎杀的对象，我们曾经约定一定要共同对抗我们的敌人——猎人，生死与共。现在我的同盟兔子不幸被猎人杀死了，兔子今天死去，也就预示着他日我的死去。我们是真正的好朋友。你说你的好朋友死去了，你能不伤心难过吗？"路人听后叹了叹气说："你为你的同盟，你的好朋友哀悼和哭泣是有道理的。"

（四）吐子成兔

宋代话本《武王伐纣平

话》，主要讲述周灭商的故事，其中有一段"姬昌吐子成兔"的情节：

暴虐的商纣王处死了周邑周人领袖姬昌之子伯邑考，并把他剁成了肉酱，命令费孟送给姬昌吃。姬昌当时被纣王囚禁在羑（yǒu）里，随时有被杀的可能，如果不吃这肉酱，就会死于暴君之手，只好强忍着悲愤，装出高兴的样子吃了儿子的肉，说："这肉真好吃。"费孟回去报告纣王说："姬昌接过那肉，笑着吃了下去，他不是什么贤人。"纣王听了很高兴，认为姬昌既然算不得贤人，将来也不会对自己有威胁，便下令释放了姬昌。

姬昌脱离了囚牢之苦，上马出羑里城走了十几里路，下马用手探触自己的喉

咙，把吃的东西全吐在了地上，这些肉都变成了兔子，姬昌大哭。据说这里后来叫"吐子冢"。

姬昌后来被尊称为周文王，他的另一个儿子周武王率领军队灭掉了商，建立了周朝。

姬昌"吐子"因与兔子谐音，由此成为民间传说故事中解释兔子为什么叫兔子的依据。

（五）兔子报恩

从前，有一对兄弟住在一起，哥哥好吃懒做，弟弟老实勤奋。兄弟二人靠种庄稼为生，每次下地干活哥哥总是找各种借口偷懒，每次收成的时候又找各种理由多分点粮食。

有一天，兄弟二人又下地干活，哥哥说天气太热自己中暑了头晕，于是便躺在树荫下睡觉，留弟弟一人在那儿劳作。突然，一条野狗追着一只白兔跑了过来，眼看就要咬到它了，弟弟操起一把锄头打向野狗。将野狗打跑后，他抱起兔子，发现这兔子毛发雪白，没有一点杂质，真是太漂亮了。

兔子身上流着血，它受伤了。弟弟赶紧带着它回家处理伤口，他小心翼翼地生怕弄痛它。天快黑时，哥哥回来了，一边走一边抱怨，说弟弟居然敢偷懒，一个人回来也不叫他，让他在那被太阳晒、被虫咬。骂着骂着，忽然发现桌上的兔子，眼前一亮，对弟弟说："弟弟，你知道哥哥好久没吃肉了，所以抓来给我加餐的吗？"

弟弟赶紧抱回兔子："你没看到它受伤了吗？这是我救回来的，不是给你吃的。"

哥哥见弟弟不肯，很是恼怒，心里打起了坏心思，他道："弟弟，有件事忘了告诉你，昨天姑姑来信说我们好久没去看她了，要我们明天去看看她，好像身体还不太好，你也知道我们从小就受她照顾，我又怎能拒绝呢？我刚刚在回来的路上走得太急扭伤了腰，要不明天你就去一趟吧。"

弟弟说："可兔子受了伤我还得照顾它呢。"

"你放心吧，我帮你照顾。"

"你不会是想吃了它吧？"弟弟怀疑道。

"看你说的，你怎么就不相信哥哥呢？你都拒绝了我又怎么会还打它的主意呢，你放心，我保证不吃。"

"那好吧，那你可要帮我照顾好了哦。"弟弟叮嘱道。

晚上，弟弟睡得正香，迷迷糊糊地听到有人在叫他，睁眼一看，只见一位白衣女子站在房里，正冲他微笑，一身白衣衬得女子跟仙女似的。见弟弟醒了，女子上前跪下："多谢恩公救命之恩，我就是白天的那只兔子，若非恩公相救怕是已命丧野狗之口，如今，恩公的哥哥对我起了歹心想吃了我，不得已只好现身与恩公道别。救命之恩无以为报，赠此哨子望恩公收下，只要在需要的时候吹响它便可保您富贵。另外小心您的哥哥见财起杀心。"

说着女子将一只哨子给了弟弟便消失了。天亮后，哥哥见兔子不见了就问弟弟，弟弟将昨晚发生的事告诉了哥哥，哥哥不信，弟弟拿出哨子吹了一下，一块金子突然出现在眼前，兄弟二人觉得太神奇了。弟弟说他可以用这哨子帮助别人了，而哥哥却想着怎么得到哨子独吞财产。

过了几天，哥哥买了好

酒好菜邀弟弟同饮，弟弟不会喝酒，三两杯下肚便倒下了，哥哥趁机偷了弟弟的哨子。弟弟醒后发现哨子不见了，大哭。这时，那兔子姑娘又出现了，安慰道："恩公莫要难过，钱财乃身外之物，当下还是保命要紧，你哥哥恐怕还会加害于你，我再教你一个保命的方法，在你危难时能救你性命。"

说完，兔子拿出一颗小小的药丸给弟弟服下，接着又教他吸气吐纳之法以便让药丸更好地与他的身体融合。学会后，兔子姑娘突然吐起血来，身影也在慢慢消失。原来她给弟弟的不是药丸而是她的内丹，现在失去内丹的她要变回原形了。

弟弟看着兔子姑娘逐渐消失的身影慌了神，兔子却

| 家兔 |

说："恩公，别难过，没了内丹我不过是变回原形，能保你一命我也算报了恩了。"说完，就变成了一只兔子。

弟弟伤心地抱起兔子，跑去问哥哥为什么要偷走哨子。在他眼里自己的也就是哥哥的，哥哥听到弟弟的话，顿时起了杀心，他说，他要的是一人独享，说完拿起刀便刺向弟弟，弟弟虽靠着内丹躲过此劫，却误杀了哥哥。心灰意冷之下，弟弟带着哨子抱着兔子，从此远走他乡，永远离开了那个伤心地。

（六）真爱无声

大兔子和小兔子一起吃饭。小兔子捧着饭碗，对大兔子说："想你。""我不就在你身边吗？"大兔子说。"可我还是想你。"

小兔吧嗒吧嗒嘴，"我每吃一口饭都要想你一遍，所以，我的饭又香又甜，哪怕是我最不喜欢的卷心菜。"大兔子不说话，只是低着头继续吃饭。

大兔子和小兔子一起散步。小兔子一蹦一跳，对大兔子说："想你。""我不就在你身边吗？"大兔子说。"可我还是想你。"小兔子踮起脚尖，"我每走一步路都要想你一遍，所以，再长的路走起来都轻轻松松，哪怕路上满是泥泞。"大兔子不说话，只是慢悠悠地继续走路。

大兔子和小兔子坐在一起看月亮。小兔子托着下巴，对大兔子说："想你。""我不就在你身边吗？"大兔子说。"可我还是想你。"

| 双兔艺术品 |

小兔子歪着脑袋，"我每看一眼月亮都要想你一遍，所以，月亮看上去那么美，哪怕乌云遮挡了它。"大兔子不说话，只是抬起头继续看月亮。

大兔子和小兔子该睡觉了。小兔子盖好被子，对大兔子说："想你。""我不就在你身边吗？"大兔子说。"可我还是想你。"小兔子闭上眼睛，"我每做一个梦都要想你一遍，所以，每个梦都是那么温暖，哪怕梦里出现妖怪我都不会害怕。"大兔子不说话，躺到床上。

小兔子睡着了，大兔子轻轻亲吻小兔子的额头。"每月每天，每分每秒，我都在想你，悄悄地想你。"这是真爱无声。

生肖兔与民俗

|生肖兔与民俗|

由于兔子与人们的生活相关，因此人们的风俗习惯也难免与兔子发生千丝万缕的联系：人们在过节时会点燃兔子形象做成的生肖灯；泥塑的兔儿爷成为儿童的玩具；兔生肖的形象被剪成各种花纹作为窗花，增添喜庆的色彩；制作各种兔生肖的塑像；产生各种与兔有关的饮食禁忌、婚姻习俗等。

1. 兔生肖灯

在传统社会，每到元宵节都要举办灯会，其中有大量动物造型的灯，十二个生

|现代与传统的兔子灯|

肖，都分别有相关造型的灯，称为生肖灯。在山东，有些地方，有在元宵节捏面灯的习俗，称为十二生肖灯，每个家庭成员，无论在家还是出外，都要为他们按照属相，捏一盏动物造型的豆面灯，到夜晚一齐在桌上点燃，表示阖家团圆，又有消病去灾、祈求人丁兴旺的寓意。

在十二生肖灯中，由于兔子形象颇受人们喜爱，再加上兔子是月亮的象征，正月十五又是月圆之夜，因此兔生肖灯备受人们的青睐。

江西赣州宁都大布村有元宵节"过灯"的习俗。"过灯"是人们用彩纸扎成母子兔子形状的灯，灯被点燃后，人们带着它在村庄、祠堂、各家各户巡游。人们把兔子视为吉祥之物，兔子灯到了哪儿就意味着把吉祥和好运送到了哪儿。

2. 兔儿爷

兔儿爷原始形象是月宫捣药的玉兔，后成为民间拜月的祭拜对象，再后来又逐渐演变成儿童的玩具，在北京一带非常流行。一般是用泥塑成站立或坐立的兔子的形象，背插令旗，非常威武。据《帝京岁时纪胜》载："京师以黄沙土作白玉兔，饰以五彩妆颜，千奇百状，集聚于天街月下，市而易之。"《燕京岁时记》也记载："每届中秋，市人之巧者用黄泥抟成蟾兔之像以出售，谓之兔儿爷。有衣冠而张盖者，有甲胄而带击旗者，有骑虎者，有默坐者。大者三尺，小者尺余。其余匠艺工人无美不备，盖亦谑而虐矣。"《清稗类钞》中亦记载："京师以泥塑兔神，兔面人身，面贴金泥，身饰彩绘，巨者高三四尺，值近万钱。贵家巨室，多购归，以香花饼果供养之，禁中亦然。"

北京地区还流行兔儿爷的相关儿歌，如：

北京中秋兔儿爷儿歌

八月十五，月儿圆，

兔儿爷家住月里面。

兔儿爷，别婵娟，

走向大地显灵仙。

采百草，做良药，

去病除灾保平安。

月饼圆，苹果鲜，

西瓜切成花口莲。

毛豆枝，九节藕，

我把兔儿爷供中间。

迎中秋，记感恩，

家家团团又圆圆。

| 巨大的兔子灯 |

3. 兔生肖剪纸

剪纸是一种用剪刀或刻刀在纸上剪刻花纹，用于装点生活或配合其他民俗活动的民间艺术。兔生肖是人们最喜闻乐见的生肖，因此兔生肖剪纸也深受人们喜爱。常见的兔生肖剪纸有蛇盘兔、鹰捉兔、星月玉兔、玉兔捣药、兔子拔萝卜、童子与兔、寿禧兔等各式各样的形象。

| 兔剪纸 |

4. 兔生肖雕塑

由于兔生肖为人们广泛喜爱，因此，人们把兔生肖或雕或塑成各种人们喜闻乐见的形象。比较常见的是玉雕、铜雕、木雕或瓷器上兔子的形象。玉雕的兔子主要是用于佩饰，挂在身上作为古代的玉带上的玉佩等。铜雕玉兔主要雕刻在青铜器上，或者雕刻在铜镜上作为装饰。木雕的兔子主要是雕刻在各式家具、窗棂、门框

| 兔首雕塑 |

| 拟人化的兔雕塑 |

| 兔子石雕 |

等房屋上的兔形象。还有人把兔子的形象雕刻在模子上，做成各式食模，如月饼

模子，可以做成玉兔捣药、嫦娥奔月等各种式样图案的月饼。

兔子的塑像则主要有泥塑、面塑、陶塑、铜塑等。面塑最常见的是人们做成的各式兔形象的糕点。泥塑的兔子最常见的是兔儿爷。铜塑的兔子最有名气的是圆明园十二生肖铜兽首。当然，在今天，许多地方建有十二生肖园，更常见的是水泥塑成的兔生肖形象。

| 兔子玉雕 |

5. 兔的饮食民俗及禁忌

自古以来，兔肉就是人们的食用肉类之一。

早在先秦时期，就有炮兔，即把兔子糊上泥巴在火上煨；炙兔，放在火上熏烤的兔肉；醢（hǎi）兔，将兔肉晒干切碎，加入盐和酒等做成的兔肉酱；腊兔，将兔肉整只风干加盐做成的兔肉干。汉代兔肉菜肴基本沿袭先秦时期的做法。到了汉代，兔羹称为卯羹，调料更加丰富。宋代开始有了兔肉火锅，吃法是在餐桌上放火炉，火炉上架汤锅，把兔肉切成薄片，等汤煮沸时，用筷子夹兔肉片在汤中涮熟，蘸着酒、酱、椒、桂等做的调味汁食用。清代满汉全席中有一道"兔脯奶房签"，慈禧太后每到重阳节要饮菊花酒，食"八宝迎霜兔"，具体这两道菜如何做法，我们不得而知。

现代菜中，兔肉也是美食之一，五香兔肉、兔肉火锅、红烧兔肉、姜葱辣子爆兔肉等都是广泛流行的菜式。至于地方菜，北京菜有芫爆兔条，川菜有麻辣兔丁、青笋烧兔、广汉缠丝兔、彭县胡子兔等。

兔肉也有一些饮食禁忌。根据中国的饮食习俗，食材可以分为寒性、温性、热性等。兔肉酸冷，性寒，不宜和辛辣、性热或同为寒性的食材一起食用。如兔肉不宜和橘子同食，橘子性味甘酸而温，兔子性味酸冷，同食会导致肠胃功能紊乱，导致腹泻。兔肉忌与姜同食，姜辛辣性热，兔肉性味酸冷，寒热同食，容易导致腹泻。兔肉忌与芹菜同食，同食会引起脱皮脱发。兔肉忌与小白菜同食，食后容易发生呕吐腹泻。当然，这些饮食禁忌，是建立在中国传统的五行相生相克的基础之上的，有人认为这种说法很有道理，也有人认为完全是无稽之谈。

尽管兔肉在一些人看来是美味，但是也有人由于各种原因不吃兔肉。出于兔子形象活泼可爱的考虑，许多人们把兔子当成宠物对待，而拒绝把兔子变成餐桌上的美食。在一些欧美地区，兔子是遍地奔跑的野生动物，很少会有人捉来吃肉。在中国，也有许多动物保护者拒绝吃兔肉。

| 生肖兔雕塑 |

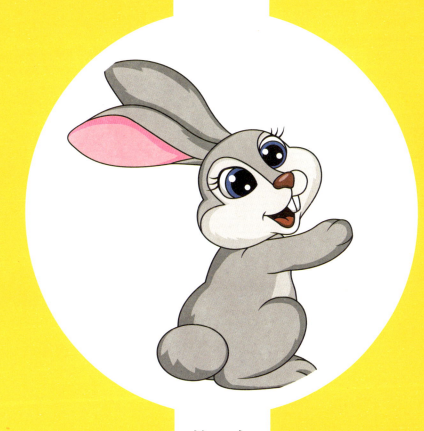

生肖兔的成语、熟语、歇后语与诗词

| 生肖兔的成语、熟语、歇后语与诗词 |

人们同任何事物的关系，都可以通过语言表现出来，这些表现事物的语言，包括成语、熟语、歇后语、诗词歌赋等。由于人们与兔子的密切关系，因此也产生了与兔有关的成语、熟语、歇后语和诗词。

（一）与兔有关的成语

1. 白兔赤乌：兔、乌，根据古代神话传说月亮里有玉兔，太阳里有三足金乌，所以用乌、兔代表日月，白兔赤乌多借指时间。

2. 东兔西乌：月亮东升，太阳西落，表示时光不断流逝。

3. 动如脱兔：比喻行动敏捷。

4. 东门逐兔：用以比喻为官遭祸，抽身悔迟。同"东门黄犬"。

5. 玉兔东升：月亮从东方升起。

6. 得兔忘蹄：犹言得鱼忘筌。蹄，兔置（jū），即捕兔的网。语出《庄子外物》："筌者所以在鱼，得鱼而忘筌；蹄者所以在兔，得兔而忘蹄；言者所以在意，得意而忘言。"

7. 龟毛兔角：乌龟身上生毛，兔子头上长角。比喻不可能存在或有名无实的东西。

8. 见兔放鹰：看到野兔，立即放出猎鹰追捕。比喻行动及时，适合需要。

9. 见兔顾犬：看到了兔子，再回头叫唤猎狗去追捕。比喻动作虽稍迟，但赶紧想办法，还来得及。

10. 狡兔三窟：狡猾的兔子准备好几个藏身的窝。比喻隐蔽的地方或方法多。

11. 静若处子，动若脱

| 可爱的卡通兔子 |

兔：指军队未行动时就像未出嫁的女子那样沉静，一行动就像逃脱的兔子那样敏捷。

12. 兔死狗烹：烹，烧煮。兔子死了，猎狗就被人烹食。比喻给统治者效劳的人，事成后被抛弃或杀掉。

13. 惊猿脱兔：如受惊的猿猴、脱逃的兔子。形容迅速奔逃。

14. 狼奔兔脱：形容仓皇逃窜。

15. 犬兔俱毙：比喻双方同归于尽。

16. 狮子搏兔，亦用全力：比喻对小事情也拿出全部力量认真对付。同"狮象搏兔，皆用全力"。

17. 守株待兔：株，露出地面的树根。原比喻希望不经过努力而得到成功的侥幸心理。现也比喻死守狭隘经验，不知变通。

18. 势若脱兔：势，攻势。脱，脱逃。对敌人攻击的速度极快，就像脱逃的兔子奔跑那样。

19. 兔走乌飞：形容光阴迅速。

20. 兔起鹘（hú）落：鹘，打猎用的鹰一类的猛禽。兔子刚跳起来，鹘就飞扑下去。比喻动作敏捷。也比喻绘画或写文章迅捷流畅。

21. 兔死狐悲：兔子死了，狐狸感到悲伤。比喻因同类的死亡而感到悲伤。

22. 兔起凫举：凫，野鸭。像兔一样奔跑，像野鸭一样急飞。比喻行动迅速。

23. 兔死犬饥：比喻敌人灭亡后，功臣不受重用。

24. 菟丝燕麦：菟丝：菟丝子。菟丝不是丝，燕麦不是麦。比喻有名无实。

25. 兔缺乌沉：犹兔走乌飞。形容光阴迅速流逝。

26. 兔头麞（zhāng）脑：形容人面貌猥琐。多形容坏人。

27. 兔葵燕麦：形容景象荒凉。

28. 一雕双兔：指三人并列显位，一人势盛而两人受其挟制。

（二）与兔有关的俗语

1. 兔子不吃窝边草：比喻坏人不在自己周围地区行凶作恶。

2. 兔子急了也咬人：比喻老实人逼急了也会反抗。

3. 兔子当作老虎打：比喻把小事当成大事办，不恰当。

4. 兔子回头凶似虎：比

喻老实人走投无路也会反抗。

5. 兔子多了也能踩出一条道：比喻弱者团结一致也能办成大事。

6. 兔子多咱也驾不了辕：多咱，什么时候。兔子什么时候也不可能驾辕拉车。

7. 兔子尾巴，长不了：指不会长久存在。

8. 兔子沿山跑，还来归旧窝：长期在外的人，最终要回故乡。

9. 兔子脖颈虽长，耳朵就占一半；狐狸皮毛虽美，尾巴就占一半，比喻外表美并不实用。（藏族俗语）

10. 兔死狐悲，物伤其类：比喻为同类伤亡而悲伤。

11. 兔死狗烹，鸟尽弓藏：比喻事情办成后，出力的人即被抛弃。

12. 兔死因毛贵，龟亡因壳灵：比喻人或物常因其优点而遭受祸害。

13. 兔走荒苔，狐眠败叶：形容荒凉萧条。

14. 兔起鹘落，稍纵即逝：鹘，猛禽，飞行快速。看到兔子，鹘即猛扑，毫不放松。常喻写字、作画或作文，下笔神速，一气呵成。

15. 兔能驾辕，谁养骡马：比喻能力差者难当重任。

16. 兔跑三遭，原归旧道：比喻人依恋故乡家园，亦喻重操旧业。

17. 一心想赶两只兔子，反而落得两手空：比喻追求不专一，结果一场空。

18. 一兔在野百人追，一金落地千人夺：形容追逐利益。

19. 不见兔子不撒鹰：比喻不到时机，不轻易行动。

20. 见兔扬砖：比喻看到财物便动手。

21. 打死了兔子，别扔掉棍子：比喻事成后别抛弃帮助过你的人。

22. 打兔子碰见黄牛：比喻意外的收获。

23. 寻死的兔子挡车轮：比喻自寻死路。（蒙古族俗语）

24. 好汉不赶乏兔：比喻有本事的人不与弱者争斗。

25. 赤脚人赶兔，著靴人吃肉：比喻穷人劳苦，富人享受。

26. 怀里揣着兔子：形容心跳不已，十分惊慌。

27. 初生兔儿不识虎：比喻幼稚无知，不知厉害。

28. 狐狸找的是肉，兔子找的是草：比喻各有各的习性和追求。

| 野兔 |

29. 变只兔子活千年，不如变只老虎活一天：比喻不愿畏缩无能活得长，宁可扬眉吐气活一天。

30. 帮着煤窑没白脸，跟着兔子会跳崖：比喻环境对人的影响极大。

31. 狡兔死，走狗烹；飞鸟尽，良弓藏；敌国破，谋臣亡：比喻一旦目的达到，使用的工具就不再需要。也比喻忘恩负义。

32. 前边寻狼，后边失兔：比喻顾此失彼。

33. 狼精狐狸怪兔子跑得快：形容狼机灵，狐狸狡猾，兔子善于奔跑。

34. 逐鹿者，不顾兔：比喻不贪图小利或不受干扰。

35. 跑兔没抓住，卧兔也窜了：比喻两方落空，一无所获。

36. 媒人嘴，兔子腿：形容媒人的话传得比较快。

37. 瞅准了兔子再放枪：比喻说话做事要目标明确。

38. 撵急了兔子踹老鹰：比喻弱者走投无路时也会对强者反击。

39. 鹰抓兔子猫抓鼠：比喻各有特长。

40. 鹰饱不拿兔，兔饱不出窝：比喻满足于现状，不求上进。

（三）一些与兔有关的歇后语

1. 兔儿爷打架——散摊子

2. 兔儿爷洗澡——一摊泥

3. 兔子上树——赶急了

4. 兔子不吃窝边草——留情（青）

5. 兔子不合群——跑单帮

6. 兔子见了鹰——毛了；慌了

7. 兔子的耳朵——听得远

8. 兔子的腿——跑得快

9. 兔子打架——上蹿下跳

10. 兔子叫门——送肉来了

11. 兔子吃草——瞻前顾后（藏族）

12. 兔子坐上虎皮椅——六神无主（佤族）

13. 兔子尾巴——长不了

14. 兔子拉车——连蹦

带跳；说翻就翻；乱了套

15. 兔子拉犁——心有余而力不足

16. 兔子爬坡——往上梭

17. 兔子驾辕——难办

18. 兔子虽多——驾不了辕

19. 兔子看人——红眼了

20. 兔子宴请老虎——寅吃卯粮

21. 兔子跟着汽车跑——望尘莫及

22. 兔子群里一只象——庞然大物

23. 兔子靠腿狼靠牙——各有各的谋生法

24. 兔子蹬鹰——以攻为守

25. 兔死还要跳三跳——垂死挣扎

26. 兔死狐悲——物伤其类

| 机敏的野兔 |

27. 山兔子斗猎狗——送死（藏族）

28. 小兔蹦到车辕上——充什么大把式

29. 见兔撒鹰——稳拿

30. 打兔子碰上黄羊——捞了个大外快

31. 拿兔子当牦牛使——乱套（藏族）

32. 逮兔子打狐狸——一举两得

33. 属兔子的——胆小怕事；钻前钻后；溜得快

34. 喂兔养羊——小本利长

35. 长了兔子腿——跑得快

36. 活剥兔子——扯皮

37. 猎着兔子跑了马——得不偿失（蒙古族）

38. 瘸腿兔子——跳不了多高

39. 一百只兔子拉车——乱套了

40. 乌龟和兔子赛跑——骄者必败

41. 乌龟撵兔子——越跑越远

42. 守株待兔——枉费心

43. 老鹰追兔子——一把抓；一个天上，一个地下

44. 怀里揣兔子——不安

45. 狮子搏兔——以强凌弱

46. 袋里抓兔——稳拿

47. 跛子撵兔子——力不从心；心有余力不足

48. 漏网的兔子——跑了

49. 瘸驴追兔子——赶不上

50. 八五炮打兔子——得不偿失

51. 三眼铳打兔子——光有响声；没准

52. 口袋里的兔子——跑不了

53. 坛子里的兔子——越养越小（哈尼族）

54. 羊圈里的兔子——野畜生（蒙古族）

55. 耳朵是跟兔子借的——可灵了

56. 雪地里撵兔子——跟踪追击（瑶族）

57. 狐狸给兔子吊孝——兔死狐悲

（三）与兔有关的诗词

兔子，既代表天上的月亮，也同人有密切的关系，

从《诗经》时代开始，它的平和、可爱形象就成为诗人讴歌的重点。

1.《国风·王风·兔爰》

有兔爰（yuán）爰，雉离于罗。我生之初，尚无为；我生之后，逢此百罹。尚寐无吪（é）！

有兔爰爰，雉离于罦（fú）。我生之初，尚无造；我生之后，逢此百忧。尚寐无觉！

有兔爰爰，雉离于罿（chōng）。我生之初，尚无庸；我生之后，逢此百凶。尚寐无聪！

这首诗以兔和雉起兴，用兔子喻小人，雉（野鸡）喻君子，来伤感时世，兔子自由自在，而野鸡却落入罗网，来反映小人当道，而君子生不逢时，表达对过去时代的怀念。

2.《诗经·小雅·瓠叶》

幡幡瓠叶，采之亨之。君子有酒，酌言尝之。

有兔斯首，炮之燔之。君子有酒，酌言献之。

有兔斯首，燔之炙之。君子有酒，酌言酢之。

有兔斯首，燔之炮之。君子有酒，酌言酬之。

诗首章取瓠叶这一典型

|古画中的兔子|

意象，极言其宴席上菜肴的粗陋和简约，瓠叶味苦，则所食非美味佳肴可知，但主人并没有以微薄而废礼，而是情真意挚地"采之亨之"，并取酒相待，请客人一同品尝。诗后三章以白头小兔为叙赋对象，从另一面极言菜肴简陋。《诗经》时代，关于荤菜，有"六牲"之说，即豕、牛、羊、鸡、鱼、雁，而兔子是不登大雅之堂的。主人并没有因小兔之微薄而废燕饮之礼，而是或炮或燔或炙，变化烹调手段，使单调而粗简的原料变成诱人的佳肴，复以酒献客、酢客、酬客，礼至且意切，在你来我往的觥筹交错中，可以看出主宾之间确实"有不任欣喜之状"。

3.《白兔颂》

晋·张浚

其毛春素，织毫秋黑，点缀五采，渐染粉墨，盖久隐时见，应世德也，徐疾备体，达消息也，姿质皓朗，民之则也，被白含文，好无极也，秦失鹿于近郊，晋得兔于远境。

这首白兔颂，用铺陈手法，对白兔进行无尽渲染。魏晋南北朝时期，白兔稀少，为人所重，因此，时人把白兔作为祥瑞之兆。诗文把秦

| 古画中的兔子 |

晋作为对比，秦国统治失策，因此鹿这样的祥瑞动物会从秦跑掉，而晋统治得当，白兔这样的祥瑞之物会从远方归来。

4.《乐府古辞·杂曲歌辞·古艳歌·其三》

茕茕白兔，东走西顾。衣不如新，人不如故。

写弃妇被迫出走，犹如孤苦的白兔，往东去却又往西顾，虽走而仍念故人。是规劝故人应当念旧，而不是说旧人必定比新人好。

5.《木兰诗》

……雄兔脚扑朔，雌兔眼迷离；双兔傍地走，安能辨我是雄雌……

《木兰诗》是一首北朝民歌，宋郭茂倩《乐府诗集》归入《横吹曲辞·梁鼓角横吹曲》中。这是一首长

| 白兔 |

篇叙事诗，讲述了一个叫木兰的女孩，女扮男装，替父从军，在战场上建立功勋，回朝后不愿做官，只求与家人团聚的故事，热情赞扬了这位女子勇敢善良的品质、保家卫国的热情和英勇无畏的精神。

此诗的第六段，也就是最后一段用比喻作结。扑朔形容雄兔的脚乱蹬，迷离形容雌兔的眼眯缝。此二句互文是说，雄兔的两只前脚经常动弹，雌兔的两只眼睛经

常眯着，所以容易分辨。当两兔一起在地上奔跑之时，谁又能辨其雌雄！木兰与大伙一道征战，装束举止与男子并无二致，大伙又岂能知道他是女子呢？此一机智幽默之比喻，是木兰女扮男装之奇迹的圆满解释，亦是喜剧性诗情之袅袅余音，也象征着木兰的英雄品格。

6.咏死兔

唐·苏颋

兔子死兰弹，
持来挂竹竿。
试将明镜照，
何异月中看。

这首诗具有戏谑的意味，是说兔子死于懒和懈怠，拿来挂在竹竿上，然后用镜子照一下，和看到的月中兔子也没有太大的区别啊。

| 家兔 |

7. 宫词

唐·王建

新秋白兔大于拳，红耳霜毛趁草眠。

天子不教人射杀，玉鞭遮到马蹄前。

词中赞美幼小的兔子"睡态"可掬，令人喜爱，还劝导人们不要随意伤害兔子。

8. 田野狐兔行

唐·元稹

种豆耘锄，种禾沟町。

禾苗豆甲，狐榾兔翦。

割鹄喂鹰，烹麟啖犬。

鹰怕兔毫，犬被狐引。

狐兔相须，鹰犬相尽。

| 猎兔 |

51

日暗天寒，禾稀豆损。

鹰犬就烹，狐兔俱哂。

这首《田野狐兔行》是说，鹰和狗是猎兔子和猎狐狸的，主人对鹰和狗好吃好喝招待，以致鹰和犬失去猎兔子和猎狐狸的本能。狐狸和兔子有时还会合作，鹰和犬却只会内斗，最后只落得鹰和犬被主人宰杀，狐狸和兔子看笑话的境地。

9. 狡兔行

唐·苏拯

秋来无骨肥，

鹰犬遍原野。

草中三穴无处藏，

何况平田无穴者。

野兔历经严冬、春寒和酷暑，终于在秋天里长得肥肥的。这时打猎的鹰和犬遍地追逐，纵使家有三窟的兔子也难以脱逃，何况没有洞穴的其他动物呢？诗中自然流露出对生灵涂炭的愤懑和对受压迫者的同情。

10. 白兔

宋·欧阳修

天冥冥，云蒙蒙，白兔捣药嫦娥宫。玉关金锁夜不闭，窜入涤山千万重。滁泉

| 猎兔 |

清甘泻大壑，滁草软翠摇轻风。渴饮泉，困栖草，滁人遇之丰山道。网罗百计偶得之，千里持为翰林宝。翰林酬酢委金璧，珠箔花笼玉为食。朝随孔翠伴。暮缀鸾皇翼。主人邀客醉笼下，京洛风埃不沾席。群诗名貌极豪纵，尔兔有意果谁识。天资洁白已为累，物性拘囚尽无益。上林荣落几时休，回首峰峦断消息。

欧阳修的这首咏兔词通过奇特的想象，幻想月中捣药的白兔因为晚上没有锁住，窜入作者为官所在地的滁山，为人所获，并感叹白兔之所以为人所获，是因为被自己的天资洁白所累，意在说明任何事物都不能被物性所束缚。

| 月宫玉兔灯 |

11. 永叔白兔

宋·梅尧臣

可笑常娥不了事，走却玉兔来人间。

分寸不落猎犬口，滁州野叟获以还。

霜毛丰茸目睛殷，红绦金练相系擐（huàn）。

驰献旧守作异玩，况乃已在蓬莱山。

月中辛勤莫捣药，桂旁杵臼今应闲。

我欲拔毛为白笔，研朱写诗破公颜。

梅尧臣的这首《永叔白兔》是欧阳修奇特想象的继续。梅尧臣想象因为嫦娥的不小心，让玉兔逃到人间。被寻常猎人捉住，献给滁州太守欧阳修。这个时候月中辛勤捣药的生活已经停止了，白兔成为了人们的玩物，甚至身上的白毛被拔下用作白毛笔，来书写这只白兔的容颜。

12.兔

宋·梅尧臣

迷踪在尘土，
衣褐恋篷蒿。
有狡谁穷穴，
中书惜拔毫。
猎从原上脱，

灵向月边逃。
死作功勋戒，
良弓合自弢。

诗的大部分写兔子的生活、行踪以及常有被捕猎的危险，结尾两句用典出自范蠡对越国大夫文种的话："飞鸟尽，良弓藏；狡兔死，走狗烹。"诗人由兔子之死想到功勋之臣的运命，从而告诫开国元勋应及时隐退，免遭杀身之祸。

13.信都公家兔

宋·王安石

水精为宫玉为田，姮娥缟衣洗朱铅。

宫中老兔非日浴，天使洁白宜婵娟。

扬须弭足桂树间，桂花如霜乱后前。

赤鸦相望窥不得，空疑两瞳射日丹。

东西跳梁自长久，天毕横施亦何有。

凭光下视置网繁，衣褐纷纷漫回首。

去年惊堕滁山云，出入虚莽犹无群。

奇毛难藏果亦得，千里今以穷归君。

空衢险幽不可返，食君庭除嗟亦窘。

今序得为此兔谋，丰草长林且游衍。

这首诗前半部分详细铺陈月宫中的生活，玉兔、嫦娥、桂花树、水晶宫等是月宫生活的代表性意象。下半部分继续描写传说中的玉兔

落到滁山难以掩饰形象为人所获成为人类玩物的情形．

14. 和裴仲谟放兔行

宋·秦观

兔饥食山林，
兔渴饮川泽。
与人不瑕玼，
焉用苦求索。
天寒草枯死，
见窘何太迫。
上有苍鹰祸，
下有黄犬厄。
一死无足悲，
所耻败头额。
敢期挥金遇，
倒橐无难色。
虽乖猎者意，
颇塞仁人责。
兔兮兔兮听我言，
月中仙子最汝怜。

不如亟返月中宿，休顾商岩并岳麓。

|野兔|

秦观这首诗对兔子的境遇充满同情之心。兔子饥食山林，渴饮川泽，与人无争，奈何上有苍鹰、下有黄犬，人们对兔子追索太迫。这样猎捕兔子，虽然狩猎之人非常开心，但也遭到一些宅心仁厚之人的指责。诗人认为兔子最好的归宿还是回到月宫，回到月中仙子身边，偶尔可以窥探一下人间。

15. 题画兔

宋·陈与义

碎身鹰犬惭何忍，埋骨诗书事亦微。

霜露深林可终岁，雌雄暖日莫忘机。

陈与义这首诗以兔喻人，告诫人们在生活中要充满警惕。兔子的命运或碎身于鹰犬，或终老于深林，即使在山林终老，雌雄兔子相依为命，也不要丧失警惕，危机随时有可能到来．就像读书人想要埋头于诗书之中，也不一定完全能平安无事。

|双兔图|

16. 舟中杂咏

元·袁桷

家奴拾柴草，

走兔来相亲。

生来不识兔，

却立惊其神。

行人笑彼拙，

归来始嚬（pín）呻。

乃知特幸脱，

未信吾奴仁。

这里，作者描写了和仆人的一番对话，仆人向作者转述自己遇到兔子，兔子主动来向自己示好的境遇，还说别人笑话他为什么不捉住这只兔子。回来后，仆人发出痛苦的呻吟声（也

| 机敏的野兔 |

许是兔子精灵的惩罚？），作者才知道兔子可能是侥幸逃脱仆人的捕捉，不相信他是真的这么仁慈。

17. 黄荃子母兔

明·高启

阳坡日暖眼迷离，芳草春眠对两儿。

谁道姮娥曾作伴，广寒孤宿已多时。

黄荃是五代十国时期后蜀的著名画家，《子母兔》是其名作之一。高启为此画配诗。诗意是说春天阳光明媚，母兔和小兔子在朝南的山坡上晒太阳。谁说兔子曾经在广寒宫和嫦娥作伴，嫦娥已经在广寒宫孤宿多时了。

18. 白兔

明·谢承举

夜月丝千缕，

秋风雪一团。

神游苍玉阙，

身在烂银盘。

露下仙芝湿，

香生月桂寒。

姮娥如可问，

欲乞万年丹。

诗人笔下的白兔，千缕细毛，白雪一团，十分生动传神。作者还梦游广寒宫，欲向嫦娥乞求长生不老的丹药。

19. 玄兔

明·曾棨

传闻三穴久储精，

日唉玄霜异质成。

八窍总含苍露湿，

一身斜軃(duǒ)黑云轻。

行来青锁应难觅，

立向瑶阶却尽惊。

自是太平多瑞物，

愿随毛颖咏干城。

玄兔即月中玉兔。传闻兔子有三个洞穴，是月中精华，天赋异质。玉兔身有八窍，斜躺云端。玉兔是祥瑞之物，愿意随着诗人的笔砚，成为国家太平的捍卫者。毛颖是笔砚的另一种称呼，干城本指盾牌和城墙，引申为捍卫和捍卫者。

属兔的名人

| 属兔的名人 |

在我国历史上，兔年出生的人浩如烟海，不可能把每一个人都记录下来，大多数人都湮没在了历史的海洋中。只有一些帝王将相和近现代名人，才能在历史中留下浓墨重彩的一笔，因此，在这里，把一些历史上的属兔名人的简略事迹摘录供读者参考。

刘秀（公元前5年～公元57年）

刘秀，字文叔，南阳郡蔡阳县（今湖北枣阳）人。东汉王朝的建立者，庙号"世祖"，谥号"光武皇帝"。王莽新朝末年，海内分崩，天下大乱，身为一介布衣的汉室宗亲刘秀在南阳郡乘势起兵。经过长达十二年之久的统一战争，刘秀先后平灭了关东、陇右、西蜀等地的割据政权，结束了自新莽末年以来长达二十年的军阀混战与割据局面，更始三年（公元25年）称帝。为表刘氏重兴之意，仍以"汉"为其国号，史称"东汉"。刘秀是中国历史上的一位有作为的开明君主，面对断壁残垣、江山破碎的社会状况，他勤于国政，改革开拓，终于使东汉王朝在一片焦土废墟中恢复和发展。

周瑜（175年～210年）

周瑜，字公瑾，三国时

期吴国名将，庐江舒县人。周瑜少与孙策交好，21岁起随孙策奔赴战场平定江东，起到了谋士和武将的双重作用，后孙策遇刺身亡，孙权继任，孙策临死前对孙权说"外事不决问周瑜"。建安十三年（208年），周瑜率军与刘备联合，于赤壁之战中大败曹军，由此奠定了"三分天下"的基础。建安十四年（209年），拜偏将军领南郡太守。建安十五年（210年）病逝于巴丘，年仅36岁。

李靖（571年~649年）

李靖，字药师，雍州三原（今陕西三原县东北）人。唐朝杰出的军事家。

李靖善于用兵，长于谋略，原为隋将，后效力李唐，为唐王朝的统一与巩固立下赫赫战功，南平萧铣、辅公祐，北灭东突厥，西破吐谷浑。历任检校中书令、兵部尚书、尚书右仆射等职，封卫国公，世称李卫公。贞观二十三年（649年），李靖病逝，年七十九。册赠司徒、并州都督，赐谥"景武"，陪葬昭陵。为凌烟阁二十四功臣之一。唐玄宗时配享武成王庙，位列十哲。

岑参（约718~769年）

岑参，唐代边塞诗人，祖籍河南南阳，后举族迁居湖北江陵（今荆州）。唐玄宗天宝三载（744年）考取进士，初为率府兵曹参军，后两次从军边塞。代宗时，官至嘉州刺史（今四川乐山），世称"岑嘉州"。大历五年（770年）卒于成都。

岑参工诗，长于七言歌行，代表作是《白雪歌送武判官归京》。现存诗三百六十首。对边塞风光，军旅生活，以及少数民族的文化风俗有亲切的感受，故其边塞诗尤多佳作。风格与高适相近，后人多并称"高岑"。有《岑参集》十卷，已佚。今有《岑嘉州诗集》八卷行世。《全唐诗》编诗四卷。

苏辙(1039年~1112年)

苏辙，字子由，号颍滨遗老，眉州眉山（今属四川）人，北宋文学家、诗人、宰相，"唐宋八大家"之一。

嘉祐二年（1057年），苏辙登进士第，初授试秘书省校书郎、商州军事推官，后官至尚书右丞、门下侍郎。苏辙与父亲苏洵、兄长苏轼齐名，合称"三苏"，都被列为"唐宋八大家"。政和二年（1112年），苏辙去世，年七十四，追复端明殿学士、宣奉大夫。宋高宗时累赠太师、魏国公，宋孝宗时追谥"文定"。著有《诗传》《春秋传》《栾城集》等行于世。

米芾(1051年~1107年)

米芾，初名黻（fú），后改芾，字元章，湖北襄阳人，时人号海岳外史，与蔡襄、苏轼、黄庭坚合称"宋四家"。曾任校书郎、书画博士、礼部员外郎。其个性怪异，举止癫狂，遇石称"兄"，膜拜不已，因而人称"米颠"。宋徽宗诏为书画学博士，又称"米襄阳""米南宫"。

米芾能诗文，擅书画，精鉴别，书画自成一家，创立了"米点山水"。书法也颇有造诣，擅篆、隶、楷、行、草等书体，长于临摹古人书法，达到乱真程度。主要作品有《多景楼诗》《虹县诗》《研山铭》《拜中岳命帖》等。

郭守敬（1231年~1316年）

郭守敬，字若思，汉族，顺德府邢台县。元朝著名的天文学家、数学家、水利工程专家。曾担任都水监、太史令兼提调通惠河漕运事、昭文馆大学士知太史院事等，世称"郭太史"。元仁宗延祐三年（1316年），郭守敬逝世，享年八十六岁。著有《推步》《立成》等十四种天文历法著作。

郭守敬自至元十三年（1276年）起，奉命修订新历法，历时四年，制订出了通行三百六十多年的《授时历》，成为当时世界上最先进的一种历法。

至元二十八年（1291年），郭守敬任都水监，负责修治元大都至通州的运河，耗时一年，完成了全部工程，定名通惠河，发展了南北交通和漕运事业。

为纪念郭守敬的功绩，人们将小行星2012命名为"郭守敬小行星"。在1981年郭守敬诞辰750周年之际，国际天文学会将月球背面的一环形山命名为"郭守敬环形山"。

朱厚熜（1507年~1567年）

明世宗朱厚熜，明宪宗之孙，明孝宗之侄，兴献王朱祐杬之子，明武宗的堂弟。明朝第十一位皇帝，1521年-1566年在位，年号嘉靖，后世称嘉靖帝。

明世宗是明朝颇具争议的皇帝，有人称赞他英明神武堪比朱元璋，也有人说他昏庸无能。一方面朱厚熜在位早期英明有为，做了很多大事，严以驭官，宽以治民，整顿朝纲、减轻赋役，对外抗击倭寇，重振国政，开创了嘉靖中兴的局面。另一方面他在位时皇权高度集中，痴迷于炼制丹药，任用首辅严嵩专权 20 年，用人上"忽智忽愚"、"忽功忽罪"，功臣、直臣多遭杀害、贬黜。

嘉靖四十五年（1566 年）嘉靖帝病逝于乾清宫，享年 60 岁，庙号世宗，葬于北京明十三陵的永陵。

陈廷敬（1638 年 ~1712 年）

陈廷敬，字子端，号说岩，晚号午亭，清代泽州府阳城（山西晋城市阳城县）人。顺治十五年（1658 年）进士，后改为庶吉士。初名敬，因同科考取有同名者，故由朝廷给他加上"廷"字，改为廷敬。陈廷敬先后担任大清康熙帝师、吏部尚书、文渊阁大学士、《康熙字典》总修官等职。历任经筵讲官（康熙帝的老师），《康熙字典》的总裁官，工部尚书、户部尚书、刑部尚书、吏部尚书。陈廷敬工诗文，器识高远，文辞渊雅，有五十卷《午亭文编》收入《四库全书》，其中诗歌二十卷，还有《午亭山人第二集》三卷等作品。

清高宗爱新觉罗·弘历（1711 年 ~1799 年）

清高宗爱新觉罗·弘历，清朝第六位皇帝，定都北京之后的第四位皇帝。年号"乾隆"，寓意"天道昌隆"。在位六十年，禅位后又继续训政，实际行使最高权力长达六十三年零四个月，是中国历史上实际执掌国家最高权力时间最长的皇帝，也是最长寿的皇帝。

乾隆帝在位期间清朝达到了康乾盛世以来的最高峰，他在康熙、雍正两朝文治武功的基础上，进一步完成了多民族国家的统一，社会经济文化有了进一步发展。乾隆帝武功繁盛，在平定边疆地区叛乱方面做出了巨大成绩，维护了国家的统一并拓广了领土，并且完善了对西藏的统治，正式将新疆纳入中国版图，清朝的版图由此达到了最大化。弘历在位期间，汉学得到了很大

的发展，民间艺术有很大发展，如京剧就形成于乾隆年间。乾隆帝在位后期吏治有所败坏，多地爆发起义，闭关锁国政策也达到了最高峰，和西方的差距也越来越大，中国正处于近代的前夜。

乾隆卒于嘉庆四年（1799年），享年89岁，庙号高宗，葬于清东陵之裕陵。

石达开（1831年~1863年）

石达开，太平天国领袖之一，广西贵县客家人。1851年12月，太平天国在永安建制，石达开晋封"翼王五千岁"。1857年，封"左军主将翼王"，天京事变曾封为"圣神电通军主将翼王"，军民尊为"义王"（本人谦辞不受）。1863年5月在四川大渡河附近为清军围

困，面临绝境。6 月 13 日为救其军自投清营，被解往成都杀害。

徐世昌（1855 年~1939 年）

徐世昌，字卜五，号菊人，晚号水竹村人、石门山人、东海居士等。祖籍浙江鄞县，出生于河南卫辉，晚年长居天津。清季翰林，官至东三省总督，体仁阁大学士，并曾担任末代皇帝——溥仪的"帝师"。辛亥革命后，于 1918 年任大总统，民国十一年（1922 年）6 月通电辞职，退隐天津租界以书画自娱。徐世昌国学功底深厚，不但著书立言，而且研习书法，工于山水松竹，如《石门山临图帖》等。一生编书、刻书 30 余种，如《清儒学案》、《退耕堂集》、《水竹村人集》等，被后人称为"文治总统"。1939 年 6 月 5 日，徐世昌病故，年 85 岁。

于右任（1879 年~1964 年）

于右任，陕西三原人，祖籍泾阳斗口于村，中国近现代政治家、教育家、书法家。原名伯循，字诱人，尔后以"诱人"谐音"右任"为名；别署"骚心""髯翁"，晚年自号"太平老人"。

于右任早年是同盟会成员，长年在国民政府担任高级官员，同时也是中国近代书法家，是复旦大学、上海大学、国立西北农林专科学校（今西北农林科技大学）的创办人和复旦大学、私立南通大学校董等。

胡适（1891年~1962年）

胡适，字适之，安徽绩溪人，新文化运动的著名人物，著名思想家、文学家、哲学家，以倡导"白话文"、领导新文化运动闻名于世。

胡适幼年就读于家乡私塾，19岁考取庚子赔款官费生，留学美国，师从哲学家约翰·杜威，1917年夏回国，受聘为北京大学教授。1918年加入《新青年》编辑部，大力提倡白话文，宣扬个性解放、思想自由，与陈独秀同为新文化运动的领袖。

"五四运动"后，同李大钊、陈独秀等接受马克思主义的知识分子分道扬镳，由"问题与主义之争"开其端，倡导改良，从此改变了他"20年不谈政治；20年不干政治"的态度。胡适曾主办《努力周报》《独立评论》并代办"独立时论社"，曾任国民政府驻美大使、北京大学校长、中央研究院院长，并获诺贝尔文学奖的提名，1962年病逝于台北。主要著作有《中国哲学史大纲》（上）《尝试集》《白话文学史》（上）和《胡适文存》（四集）等。他在学术上影响最大的是提倡"大胆的假设、小心的求证"的治学方法。

陶行知（1891年~1946年）

陶行知，安徽歙县人，人民教育家、思想家，民盟主要领导人之一。1914年毕业于金陵大学，后留学美国哥伦比亚大学，1917年秋回国，先后任南京高等师范学校、国立东南大学教授、教务主任等职。1926 年起发表了《中华教育改进社改造全国乡村教育宣言》，次年创办晓庄学校，提出"生活即教育""社会即学校""教学做合一"等口号，形成"生活教育"思想体系。1946 年 7 月 25 日患脑溢血逝世，享年 55 岁。

张自忠（1891 年~1940 年）

张自忠，字荩忱，山东临清人，第五战区右翼集团军兼第三十三集团军总司令，中国国民党上将衔陆军中将，追授二级上将衔，著名抗日将领、民族英雄。

青年时代就读于天津政法学堂、济南法政专门学校，1914 年弃学从军，曾在冯玉祥部下任师长。1933 年初，率第 38 师在喜峰口与日军血战，名声大震。1937 年至 1940 年先后参与临沂保卫战、徐州会战、武汉会战、随枣会战与枣宜会战等。1940 年在襄阳与日军战斗中，身中 7 弹，鲜血满身，仍高呼"杀敌报仇"，牺牲时年仅 49 岁。

图书在版编目（CIP）数据

生肖兔 / 王天鹏编著；张勃本辑主编. -- 哈尔滨：
黑龙江少年儿童出版社，2020.2（2021.8重印）
　（记住乡愁：留给孩子们的中国民俗文化 / 刘魁立
主编. 第十一辑，生肖祥瑞辑）
　ISBN 978-7-5319-6465-0

　Ⅰ．①生… Ⅱ．①王… ②张… Ⅲ．①十二生肖－青
少年读物 Ⅳ．①K892.21-49

中国版本图书馆CIP数据核字(2020)第005498号

记住乡愁——留给孩子们的中国民俗文化　　　　　刘魁立◎主编
第十一辑 生肖祥瑞辑　　　　　　　　　　　　　张　勃◎本辑主编
生肖兔 SHENGXIAO TU　　　　　　　　　　　　王天鹏◎编著

出 版 人：商　亮
项目策划：张立新　刘伟波
项目统筹：华　汉
责任编辑：杨黎明
整体设计：文思天纵
责任印制：李　妍　王　刚
出版发行：黑龙江少年儿童出版社
　　　　　（黑龙江省哈尔滨市南岗区宜庆小区8号楼 150090）
网　　址：www.lsbook.com.cn
经　　销：全国新华书店
印　　装：北京一鑫印务有限责任公司
开　　本：787 mm×1092 mm　1/16
印　　张：5
字　　数：50千
书　　号：ISBN 978-7-5319-6465-0
版　　次：2020年2月第1版
印　　次：2021年8月第2次印刷
定　　价：35.00元